CANTOS
A LA
MADRE

Cantos
a la
Madre

en la poesía
latinoamericana

Antología

PLANETA

Realización de portada: Jorge Evia

DERECHOS EXCLUSIVOS DE EDICIÓN EN ESPAÑOL RESERVADOS PARA
TODO EL MUNDO:

© 1999, Editorial Planeta Mexicana, S.A. de C.V.
Avenida Insurgentes Sur núm. 1898, piso 11
Colonia Florida, 01030 México, D.F.

Quinta reimpresión: enero del 2003
ISBN: 968-406-866-2

Impreso y hecho en México-*Printed and made in Mexico*

Impreso en los talleres de Editores, Impresores Fernández, S.A. de C.V.
Calle Retorno 7 de Sur 20 núm. 23, colonia Agrícola Oriental
México, D.F.

www.editorialplaneta.com.mx

Índice

Amado Nervo
  Unidad 9
César Vallejo
  El buen sentido 10
José Lezama Lima
  Llamado del deseoso 12
Octavio Paz
  Pasado en claro 14
Mariángeles Comesaña
  Cómo escribirte 16
Carilda Oliver Labra
  Elegía por Mercedes 18
Carmen Villoro
  Estela 20
Roberto Cabral del Hoyo
  Teosófica 21
Carlos Pellicer
  Nocturno a mi madre 23
Jesús Reyes Ruiz
  A mi madre 27
Almafuerte
  Fúnebre 28
Salvador Díaz Mirón
  Paquito 29
Guillermo Aguirre y Fierro
  El brindis del bohemio 32

Manuel Acuña
A mi madre en su día 39
Manuel José Othón
¡Madre! 40
Luis G. Urbina
A una santa memoria . . . . `. . 42
Manuel Gutiérrez Nájera
A mi madre 43
Macedonio Fernández
Dios visto, mi madre 46
Neftalí Beltrán
La mi madre, la mi madre... . . . `. 47
Salvador Novo
La escuela 48
Margarita Michelena
Notas para un árbol genealógico 49
Alfonsina Storni
Bien pudiera ser 55
Pablo Neruda
La mamadre 56
Jaime Sabines
Doña Luz 59
Tomás Segovia
Orfandad 71
José Carlos Becerra
Oscura palabra 73
Roberto Juarroz
Ahora tan sólo 83
Elisa Ramírez Castañeda
Como te ves, me vi;
    como me ves, te verás 85

Gloria Gervitz
  Migraciones 86
Olga Orozco
  Si me puedes mirar 88
Marco Antonio Montes de Oca
  Hablo contigo 92
Baldomero Fernández Moreno
  El poeta y la calle 97
Homero Aridjis
  Asombro del tiempo 99
Marco Antonio Campos
  Destinée 104
Arturo Capdevila
  In memoriam 105
Jacobo Regen
  Elegía 106
Beatriz Novaro
  Chimalistac 109
César Fernández Moreno
  Respondo una carta de mi madre 110
Alicia García Bergua
  Estoy de vuelta en casa 113
Silvina Ocampo
  El jabón 115
Fabio Morábito
  Mi madre ya no ha ido al mar 116
Anónimo
  La muerte de la madre 119
Gonzalo Rojas
  Celia 121

Fuentes bibliográficas 125

Amado Nervo
(México)

Unidad

No, madre, no te olvido;
mas apenas ayer ella se ha ido,
y es natural que mi dolor presente
cubra tu dulce imagen en mi mente
con la imagen del otro bien perdido.

Ya juntas viviréis en mi memoria
como oriente y ocaso de mi historia,
como principio y fin de mi sendero,
como nido y sepulcro de mi gloria;
¡pues contigo, nací; con ella, muero!

Ya viviréis las dos en mis amores
sin jamás separaros;
pues, como en un matiz hay dos colores
y en un tallo dos flores,
¡en una misma pena he de juntaros!

César Vallejo
(Perú)

El buen sentido

Hay, madre, un sitio en el mundo, que se llama París. Un sitio muy grande y lejano y otra vez grande.

Mi madre me ajusta el cuello del abrigo, no porque empieza a nevar, sino para que empiece a nevar.

La mujer de mi padre está enamorada de mí, viniendo y avanzando de espaldas a mi nacimiento y de pecho a mi muerte. Que soy dos veces suyo: por el adiós y por el regreso. La cierro, al retornar. Por eso me dieran tanto sus ojos, justa de mí, in fraganti de mí, aconteciéndose por obras terminadas, por pactos consumados.

Mi madre está confesa de mí, nombrada de mí. ¿Cómo no da otro tanto a mis otros hermanos? A Víctor, por ejemplo, el mayor, que es tan viejo ya, que las gentes dicen: ¡Parece hermano menor de su madre! ¡Fuere porque yo he viajado mucho! ¡Fuere porque yo he vivido más!

Mi madre acuerda carta de principio colorante a mis relatos de regreso. Ante mi vida de regreso, recordando que viajé durante dos corazones por su vientre, se ruboriza y se queda mortalmente lívida, cuando digo, en el tratado del alma: Aquella noche fui dichoso. Pero, más se pone triste; más se pusiera triste.

—Hijo, ¡cómo estás viejo!

Y desfila por el color amarillo a llorar, porque me halla envejecido, en la hoja de espada, en la desembocadura de mi rostro. Llora de mí, se entristece de mí. ¿Qué falta hará mi mocedad, si siempre seré su hijo? ¿Por qué las madres se duelen de hallar envejecidos a sus hijos, si jamás la edad de ellos alcanzará a la de ellas? ¿Y por qué, si los hijos, cuanto más se acaban, más se aproximan a los padres? ¡Mi madre llora porque estoy viejo de mi tiempo y porque nunca llegaré a envejecer del suyo!

Mi adiós partió de un punto de su ser, más externo que el punto de su ser al que retorno. Soy, a causa del excesivo plazo de mi vuelta, más el hombre ante mi madre que el hijo ante mi madre. Allí reside el candor que hoy nos alumbra con tres llamas. Le digo entonces hasta que me callo:

—Hay, madre, en el mundo un sitio que se llama París. Un sitio muy grande y muy lejano y otra vez grande.

La mujer de mi padre, al oírme, almuerza y sus ojos mortales descienden suavemente por mis brazos.

José Lezama Lima
(Cuba)

Llamado del deseoso

Deseoso es aquel que huye de su madre.
Despedirse es cultivar un rocío para unirlo con la
    secularidad de la saliva.
La hondura del deseo no va por el secuestro del
    fruto.
Deseoso es dejar de ver a su madre.
Es la ausencia del sucedido de un día que se
    prolonga y es a la noche que esa ausencia se
    va ahondando como un cuchillo.
En esa ausencia se abre una torre, en esa torre
    baila un fuego hueco.
Y así se ensancha y la ausencia de la madre es un
    mar en calma.
Pero el huidizo no ve el cuchillo que le pregunta,
    es de la madre, de los postigos asegurados, de
    quien se huye.
Lo descendido en vieja sangre suena vacío.
La sangre es fría cuando desciende y cuando se
    esparce circulizada.
La madre es fría y está cumplida.
Si es por la muerte, su peso es doble y ya no nos
    suelta.
No es por las puertas donde se asoma nuestro
    abandono.

Es por un claro donde la madre sigue marchando,
    pero ya no nos sigue.
Es por un claro, allí se ciega y bien nos deja.
Ay del que no marcha esa marcha donde la madre
    ya no le sigue, ay.

No es desconocerse, el conocerse sigue furioso
    como en sus días,
pero el seguirlo sería quemarse dos en un árbol,
y ella apetece mirar el árbol como una piedra,
como una piedra con la inscripción de ancianos
    juegos.
Nuestro deseo no es alcanzar o incorporar un
    fruto ácido.
El deseoso es el huidizo
y de los cabezazos con nuestras madres cae el
    planeta centro de mesa
y ¿de dónde huimos, si no es de nuestras madres
    de quien huimos
que nunca quieren recomenzar el mismo naipe, la
    misma noche de igual ijada descomunal?

Octavio Paz
(México)

Pasado en claro

(fragmento)

Mis palabras,
al hablar de la casa, se agrïetan.
Cuartos y cuartos, habitados
sólo por sus fantasmas,
sólo por el rencor de los mayores
habitados. Familias,
criaderos de alacranes:
como a los perros dan con la pitanza
vidrio molido, nos alimentan con sus odios
y la ambición dudosa de ser alguien.
También me dieron pan, me dieron tiempo,
claros en los recodos de los días,
remansos para estar solo conmigo.
Niño entre adultos taciturnos
y sus terribles niñerías,
niño por los pasillos de altas puertas,
habitaciones con retratos,
crepusculares cofradías de los ausentes,
niño sobreviviente
de los espejos sin memoria
y su pueblo de viento:
el tiempo y sus encarnaciones
resuelto en simulacros de reflejos.

En mi casa los muertos eran más que los vivos.
Mi madre, niña de mil años,
madre del mundo, huérfana de mí,
abnegada, feroz, obtusa, providente,
jilguera, perra, hormiga, jabalina,
carta de amor con faltas de lenguaje,
mi madre: pan que yo cortaba
con su propio cuchillo cada día.

Mariángeles Comesaña
(México)

Cómo escribirte

Asomada a la orilla de la mesa
trato de acomodarte, madre, en mi recuerdo
canción de celos y de escombros
copa de agua y de veneno

Ahí tu vejez, madurando al ritmo de las hojas
tejiendo
con los brazos cruzados
mirando hasta el rincón más escondido de mí
        misma
                tu propio rincón
¿Cómo arrancarte de mis sueños?

Asomada a la orilla de mis dedos
trato de oír tu voz,
altura inmesurable
frente de montaña
el mismo paso siempre subiendo la escalera
la fruta y el pan en tus aromas
el líquido de acero recorriendo tus ojos
el tiempo haciendo y deshaciendo alegorías
        de luces en tu cara
y mis catorce años en tu mano derecha

Cómo salirme y espiarte desde lejos
cómo escribirte
si el humo de la cocina y las seis de la tarde
soplan como fuelle del mundo desde tu costurero

Asomada al balcón de mis palabras
te miro
tu cuerpo se me deshace entre los ojos
y no me queda nada

Qué decirte a ti, madre,
casa de mis años
¿cómo salirme?
¿cuál será la ventana que me dejes
para asomarme y verte
y saber quién eres
y saberme?

Carilda Oliver Labra
(Cuba)

Elegía por Mercedes

Se llamaba Mercedes. Y era buena.
Dicen que todo el mundo la quería.
Con su sonrisa ajena
una estatua de niebla parecía.

Se llamaba Mercedes. Y no existe
sin su sol un capullo de alegría.
Señor: claro que es triste
este tanto quererla todavía!...

Pero nunca sabré dejarla sola:
aquí bajo la luz sigo con ella,
me saluda la piel en cada ola
y se asoma a mirarme en toda estrella...

Hasta el llanto que baja a mis mejillas
es casi necesario...
Tú sabes: he crecido en sus rodillas,
y también me enseñó el abecedario...

Lo que duele quizás en esta aurora,
lo que sangra mi voz, lo que me aterra,
es esto de sentir que a cada hora
se está volviendo un poco más de tierra!

La recuerdo dormida en su sillón
el último verano;
todavía tenía corazón,
a veces suspiraba con la mano...

Su mirada venía desde el mar,
y no sé, a cada rato,
miraba como mira el azahar:
con un poco de miedo y de recato...

Se llamaba Mercedes. Y era pura
como el blanco cansado de su pelo.
Andará por Allá con su dulzura,
saliéndose del cielo...

Aquí está su reloj, está su armario,
su vestido de lana para el frío;
aquí sobra un dedal, sobra un rosario.
¡Señor, el tercer cuarto está vacío!

Carmen Villoro
(México)

Estela

Estrella de octubre,
rastro de luz
sobre mis años frágiles.
Te miro cómo escarchas esta noche,
cómo deslizas tus diamantes diminutos
entre todas las sombras.
Te veo tan lejana
y estás en mis pupilas.
Hay en los movimientos de mi cuerpo
una pincelada
que aprendí de tu paso por el cielo.
Estrella del otoño,
la historia tiene cauda,
hubo un camino audaz que tú seguiste
para brillar auténtica y serena
en esta noche.
Repentina y eterna es tu presencia
como lo fue, como lo es,
mi infancia.

Roberto Cabral del Hoyo
(México)

Teosófica

No sé por qué, madre, tú
me tienes cariño a mí,
si no me conoces tú,
ni yo te conozco a ti.

Tú no sabes quién fui yo
en las vidas que viví.
Yo sólo soy para ti
una alma que en ti encarnó.

Perdóname, madre, a mí
la sangre que te quité.
Cual yo no te culpo a ti
de la vida. Yo no sé
contra qué ley delinquí
ni en qué otro mundo pequé,
pero puesto que nací
por algún delito fue.

Juntos nos tocó vivir
la comedia sublunar.
Después yo habré de partir
a donde tú no has de estar.
Tú al cenit y yo al nadir.
Quizá me toque llorar

cuando tú debas reír.
Tal vez tú vas a vestir
de blanco en campos de azur.
Yo de andrajos he de andar.
Tú irás a la Cruz del Sur
y yo a la Estrella Polar.

Sexo, nombre, condición,
vida, accidentes nomás.
¿De qué sirve el corazón?
Yo me voy y tú te vas.

Yo no sé, madre, por qué
me tienes cariño a mí.
Tú eres prana que tomé.
Yo, manas que vino a ti.

Carlos Pellicer
(México)

Nocturno a mi madre

Hace un momento
mi madre y yo dejamos de rezar.
Entré en mi alcoba y abrí la ventana.
La noche se movió profundamente llena de soledad.
El cielo cae sobre el jardín oscuro.
Y el viento busca entre los árboles
la estrella escondida de la oscuridad.
Huele la noche a ventanas abiertas,
y todo cerca de mí tiene ganas de hablar.
Nunca he estado más cerca de mí que esta noche:
Las islas de mis ausencias me han sacado del
        fondo del mar.
Hace un momento,
mi madre y yo dejamos de rezar.
Rezar con mi madre ha sido siempre
mi más perfecta felicidad.
Cuando ella dice la oración Magnífica,
verdaderamente glorifica mi alma al Señor y mi
        espíritu se llena de gozo para siempre jamás.

Mi madre se llama Deifilia,
que quiere decir hija de Dios, flor de toda verdad.
Estoy pensando en ella con tal fuerza
que siento el oleaje de su sangre en mi sangre
y en mis ojos su luminosidad.

Mi madre es alegre y adora el campo y la lluvia,
y el complicado orden de la ciudad.
Tiene el cabello blanco, y la gracia con que camina
dice de su salud y de su agilidad.
Pero nada, nada es para mí tan hermoso
como acompañarla a rezar.
Todos los días, al responderle las letanías de la
      Virgen
—-Torre de Marfil, Estrella Matinal—,
siento en mí que la suprema poesía
es la voz de mi madre delante del altar.
Hace un momento la oí que abrió su ropero,
hace un momento la oí caminar.
Cuando me enseñó a leer me enseñó también a
      decir versos,
y por ese tiempo me llevó por primera vez al mar.

Cuando la pobreza se ha quedado a vivir en
      nuestra casa,
mi madre le ha hecho honores de princesa real.
Doña Deifilia Cámara de Pellicer
es tan ingeniosa y enérgica y alegre como la tierra
      tropical.
Oigo que mi madre ha salido de su alcoba.
El silencio es tan claro que parece retoñar.
Es un gajo de sombra a cielo abierto,
es una ventana acabada de cerrar.
Bajo la noche la vida crece invisiblemente.
Crece mi corazón como un pez en el mar.

Crece en la oscuridad y fosforece
y sube en el día entre los arrecifes de coral.

Corazón entre náufrago y pirata
que se salva y devuelve lo robado a su lugar.
La noche ahonda su ondulación serena
como la mano que en el agua va la esperanza a
     colocar.
Hermosa noche. Hermosa noche
en que dichosamente he olvidado callar.
Sobre la superficie de la noche
rayé con el diamante de mi voz inicial.

Mi voz se queda sola entre la noche
ahora que mi madre ha apagado su alcoba.
Yo vigilo su sueño y acomodo sus nubes
y escondo entre mi angustia lo que en mi pecho
     llora.

Mi voz se queda sola entre la noche
para decirte, oh madre, sin decirlo,
cómo mi corazón disminuirá su toque
cuando tu sueño sea menos tuyo y más mío.

Mi voz se queda sola entre la noche
para escucharme lleno de alegría,
callar por que ella no despierte,
vivir sólo para ella y para ella,
detenerme en la puerta de su alcoba
sintiendo cómo salen de su sueño
las tristezas ocultas,
lo que imagino que por mí entristece
su corazón y el sueño de su sueño.

El ángel alto de la media noche,
llega.
Va repartiendo párpados caídos
y cerrando ventanas
y reuniendo las cosas más lejanas,
y olvidando el olvido.
Poniendo el pan y el agua en la invisible mesa
del olvidado sueño.
Disponiendo el encanto
del tiempo enriquecido sin el tiempo;
el tiempo sin el tiempo que es el sueño,
la lenta espuma esfera
del vasto color sueño;
la cantidad del canto adormecido
en un eco.
El ángel de la noche también sueña.
¡Sólo yo, madre mía, no duermo sin tu sueño!

Jesús Reyes Ruiz
(México)

A mi madre

¿De qué frágil mañana, desprendida,
me ceñiste a tu luz, blanca señora?
¿En vilo de qué nube voladora
vas por manos de arcángel sostenida?

Espejo fue de tu virtud erguida
esbelto lirio que el fulgor azora.
Tu luminoso amor, sueño y aurora,
encendió mi penumbra con tu vida.

Ya tu remota brisa y tu fragancia
llegan de nuevo a mí, la voz se atreve
a soñar con tu nombre. En la distancia

se aclara y crece tu presencia leve,
y tal como en los días de la infancia
tu amor me cuenta historias mientras llueve.

Almafuerte
(Argentina)

Fúnebre

Tú que vives la vida de los justos
allá junto a tu Dios arrodillada;
yo no creo ni aguardo pero pienso
que haya hecho Dios un cielo para tu alma;
dame un rayo de luz —¡uno tan sólo!—
que restaure mi fuerza que desmaya,
que ilumine mi mente que se anubla,
que reanime mi fe que ya se apaga;
dame un rayo de luz —¡uno tan sólo!—
aquí, sobre esta frente que besabas,
aquí, sobre estos labios que otros labios
han besado con ósculos de infamia,
aquí, sobre estos ojos que no tienen
nada más, ¡oh mi madre! que tus lágrimas.

Salvador Díaz Mirón
(México)

*P*aquito

Cubierto de jiras,
al ábrego hirsutas
al par que las mechas
crecidas y rubias,
el pobre chiquillo
se postra en la tumba;
y en voz de sollozos
revienta y murmura:
"Mamá, soy Paquito;
no haré travesuras."

Y un cielo impasible
despliega su curva.

"¡Qué bien que me acuerdo!
La tarde de lluvia;
las velas grandotas
que olían a curas;
y tú en aquel catre
tan tiesa, tan muda,
tan fría, tan seria,
y así tan *rechula*.
Mamá, soy Paquito;
no haré travesuras."

Y un cielo impasible
despliega su curva.

"Buscando comida,
revuelvo basura.
Si pido limosna,
la gente me insulta,
me agarra la oreja,
me dice granuja,
y escapo con miedo
de que haya denuncia.
Mamá, soy Paquito;
no haré travesuras."

Y un cielo impasible
despliega su curva.

"Los otros muchachos
se ríen, se burlan,
se meten conmigo,
y a poco me acusan
de pleito al gendarme
que viene a la bulla;
y todo, porque ando
con tiras y sucias.
Mamá, soy Paquito;
no haré travesuras."

Y un cielo impasible
despliega su curva.

"Me acuesto en rincones
solito y a obscuras.
De noche, ya sabes,
los ruidos me asustan.
Los perros divisan
espantos y aúllan.
Las ratas me muerden,
las piedras me punzan…
Mamá, soy Paquito;
no haré travesuras."

Y un cielo impasible
despliega su curva.

"Papá no me quiere.
Está donde juzga
y riñe a los hombres
que tienen la culpa.
Si voy a buscarlo,
él bota la pluma,
se pone furioso,
me ofrece una tunda.
Mamá, soy Paquito;
no haré travesuras."

Y un cielo impasible
despliega su curva.

Guillermo Aguirre y Fierro
(México)

El brindis del bohemio

En torno de una mesa de cantina,
una noche de invierno,
regocijadamente departían
seis alegres bohemios.

Los ecos de sus risas escapaban
y de aquel barrio quieto
iban a interrumpir el imponente
y profundo silencio.

El humo de olorosos cigarrillos
en espirales se elevaba al cielo,
simbolizando, al resolverse en nada,
la vida de los sueños.

Pero en todos los labios había risas,
inspiración en todos los cerebros,
y, repartidas en la mesa, copas
pletóricas de ron, whisky o ajenjo.

Era curioso ver aquel conjunto,
aquel grupo bohemio,
del que brotaba la palabra chusca,
la que vierte veneno,

lo mismo que, melosa y delicada,
la música de un verso.

A cada nueva libación, las penas
hallábanse más lejos
del grupo, y nueva inspiración llegaba
a todos los cerebros,
con el idilio roto que venía
en alas del recuerdo.

Olvidaba decir que aquella noche,
aquel grupo bohemio
celebraba entre risas, libaciones,
chascarrillos y versos,
la agonía de un año que amarguras
dejó en todos los pechos,
y la llegada, consecuencia lógica,
del "feliz año nuevo"...

Una voz varonil dijo de pronto:
—Las doce, compañeros.
Digamos el "requiéscat" por el año
que ha pasado a formar entre los muertos.
¡Brindemos por el año que comienza!
porque nos traiga ensueños;
porque no sea su equipaje un cúmulo
de amargos desconsuelos...

—Brindo, dijo otra voz, por la esperanza
que a la vida nos lanza,
de vencer los rigores del destino,

por la esperanza, nuestra dulce amiga,
que las penas mitiga
y convierte en vergel nuestro camino.

Brindo porque ya hubiese a mi existencia
puesto fin con violencia
esgrimiendo en mi frente mi venganza;
si en mi cielo de tul limpio y divino
no alumbrara mi sino
una pálida estrella: Mi esperanza.

—¡Bravo!, dijeron todos, inspirado
esta noche has estado
y hablaste bueno, breve y sustancioso.
El turno es de Raúl; alce su copa
y brinde por... Europa,
ya que su extranjerismo es delicioso...

—Bebo y brindo, clamó el interpelado;
brindo por mi pasado,
que fue de luz, de amor y de alegría,
y en el que hubo mujeres seductoras
y frentes soñadoras
que se juntaron con la frente mía...

Brindo por el ayer que en la amargura
que hoy cubre de negrura
mi corazón, esparce sus consuelos
trayendo hasta mi mente las dulzuras
de goces, de ternuras,
de dichas, de deliquios, de desvelos.

—Yo Brindo, dijo Juan, porque en mi mente
brote un torrente
de inspiración divina y seductora,
porque vibre en las cuerdas de mi lira
el verso que suspira,
que sonríe, que canta y que enamora.

Brindo porque mis versos cual saetas
lleguen hasta las grietas,
formadas de metal y de granito,
del corazón de la mujer ingrata
que a desdenes me mata...
¡pero que tiene un cuerpo muy bonito!

Porque a su corazón llegue mi canto,
porque enjuguen mi llanto
sus manos que me causan embelesos;
porque con creces mi pasión me pague...
¡vamos!, porque me embriague
con el divino néctar de sus besos.

Siguió la tempestad de frases vanas,
de aquellas tan humanas
que hallan en todas partes acomodo,
y en cada frase de entusiasmo ardiente,
hubo ovación creciente,
y libaciones, y reír, y todo.

Se brindó por la Patria, por las flores,
por los castos amores

que hacen un valladar de una ventana,
y por esas pasiones voluptuosas
que el fango del placer llena de rosas
y hacen de la mujer cortesana.

Sólo faltaba un brindis, el de Arturo,
el del bohemio puro
de noble corazón y gran cabeza;
aquel que sin ambages declaraba
que sólo ambicionaba
robarle inspiración a la tristeza.

Por todos estrechado, alzó la copa
frente a la alegre tropa
desbordante de risa y de contento;
los inundó en la luz de una mirada,
sacudió su melena alborotada
y dijo así, con inspirado acento:

—Brindo por la mujer, mas no por esa
en la que halláis consuelo en la tristeza,
rescoldo del placer ¡desventurados!;
no por esa que os brinda sus hechizos
cuando besáis sus rizos
artificiosamente perfumados.

Yo no brindo por ella, compañeros,
siento por esta vez no complaceros.
Brindo por la mujer, pero por una,
por la que me brindó sus embelesos
y me envolvió en sus besos:

por la mujer que me arrulló en la cuna.

Por la mujer que me enseñó de niño
lo que vale el cariño
exquisito, profundo y verdadero;
por la mujer que me arrulló en sus brazos
y que me dio en pedazos,
uno por uno, el corazón entero.

¡Por mi Madre! bohemios, por la anciana
que piensa en la mañana
como en algo muy dulce y muy deseado,
porque sueña tal vez que mi destino
me señala el camino
por el que volveré pronto a su lado.

Por la anciana adorada y bendecida,
por la que con su sangre me dio vida,
y ternura y cariño;
por la que fue la luz del alma mía,
y lloró de alegría,
sintiendo mi cabeza en su corpiño.

Por ésa brindo yo, dejad que llore,
que en lágrimas desflore
esta pena letal que me asesina;
dejad que brinde por mi madre ausente,
por la que llora y siente
que mi ausencia es un fuego que calcina.

Por la anciana infeliz que sufre y llora
y que del cielo implora
que vuelva yo muy pronto a estar con ella;
por mi Madre, bohemios, que es dulzura
vertida en mi amargura
y en esta noche de mi vida, estrella...

El bohemio calló; ningún acento
profanó el sentimiento
nacido del dolor y la ternura,
y pareció que sobre aquel ambiente
flotaba inmensamente
un poema de amor y de amargura.

Manuel Acuña
(México)

A mi madre en su día

—¿Qué le ofreces, me decía
una mañana una rosa,
a tu madre en este día?
—Recuerdos para la hermosa
que en inocencia nacía.
—¿Y tú, rosa bella y pura,
le dije entonces a ella,
¿qué le das a la natura
que siempre, siempre procura
por conservarte más bella?
Yo le doy mi suave encanto,
yo le ofrezco mi ambrosía...
y yo le ofrezco mi canto
de un pecho que la ama tanto,
que sin ella, moriría.

Manuel José Othón
(México)

¡Madre!

I

¡Madre! Religión del alma,
diosa que por culto tiene
el amor que se mantiene
en el templo del hogar,
que sólo tiene por flores
las impresiones sagradas
que forman con sus oleadas
el incienso de su altar.

¡Madre! Sacrosanto nombre,
puro emblema de consuelo
y que encierra todo un cielo
de esperanzas y de amor.
Blanca estrella que fulgura,
en la noche de la vida,
disipando bendecida
las tinieblas del dolor.

Ángel que con blancas alas
atraviesa por el suelo,
haciendo del mundo un cielo
y del cual vamos en pos.
Luz que alumbra con sus rayos

este abismo de dolores,
remedando los fulgores
de las sonrisas de Dios!...

Ah! Cómo cantar mi labio
tu grandeza sacrosanta!
¡Mi labio que sólo canta
de la vida el azahar!...
Pero no; mi labio calla,
mas ya está regenerado,
pues quedó santificado
tu nombre con pronunciar.

II

Tú que eres madre y que tienes
en tus afanes prolijos
de guardar siempre a tus hijos
la sacrosanta misión;
Tú que comprendes lo grande
que encierra el nombre que tienes,
conquista para tus sienes
laureles de bendición.

Luis G. Urbina
(México)

A una santa memoria

Ya mi tristeza es de verdad; ya empieza
a enmudecer, huraño, el sufrimiento;
ya no es la melancólica pereza,
ya no es el ideal presentimiento.

Ya es el pulso, falta de firmeza,
en la boca, amargura,
surco en la frente, cana en la cabeza,
y en la mano temblona, crispatura.
Ya no quiere hacer versos mi tristeza.

Es la vejez que viene. A la distancia
de un pasado remoto, va mi sueño,
como va, en una nube, una fragancia.
Ya está cerca la muerte, y la desdeño.

Pero aún guardo un capricho de la infancia:
contra el muro me encaro, zahareño,
en un rincón sombrío de mi estancia,
y me pongo a llorar como solía
cuando era débil, cándido y pequeño...
Y me juzgo feliz porque soy dueño
de mi grito de entonces: ¡Madre mía!

Manuel Gutiérrez Nájera
(México)

A mi madre

¡Madre, madre, si supieras
cuántas sombras de tristeza tengo aquí!
Si me oyeras, y si vieras
esta lucha que ya empieza para mí.

Tú me has dicho que al que llora
Dios más ama; que es sublime consolar:
ven entonces, madre y ora;
si la fe siempre redime, ven a orar.

De tus hijos el que menos
tu cariño merecía soy quizás;
pero al ver cual sufro y peno
has de amarme, madre mía, mucho más.

¡Te amo tanto! Con tus manos
quiero a veces estas sienes apretar!
Ya no quiero sueños vanos:
ven, oh madre, que si vienes vuelvo a amar.

Sólo, madre, tu cariño,
nunca, nunca, se ha apagado para mí.
Yo te amaba desde niño;
hoy… la vida he conservado para ti.

Muchas veces, cuando alguna
pena oculta me devora sin piedad,
yo me acuerdo de la cuna
que mecistes en la aurora de mi edad.

Cuando vuelvo silencioso
inclinado bajo el peso de mi cruz,
tú me ves, me das un beso
y en mi pecho tenebroso brota luz.

Ya no quiero los honores;
quiero sólo estar en calma donde estás;
sólo busco tus amores;
quiero darte toda mi alma... ¡Mucho más!

Todo, todo, me ha dejado;
en mi pecho la amargura descansó;
mis ensueños me han burlado,
tu amor sólo, por ventura, nunca huyó.

Tal vez, madre, delirante,
sin saber ni lo que hacía te ofendí.
¿Por qué, madre, en ese instante,
por qué entonces, vida mía, no morí?

Muchas penas te he causado,
madre santa, con mi loca juventud:
de rodillas a tu lado
hoy mi labio sólo invoca la virtud.

Yo he de ser el que sostenga
cariñoso tu cansada ancianidad;
yo he de ser quien siempre venga
a beber en tu mirada claridad.

Si me muero —ya presiento
que este mundo no muy tarde dejaré—
en la lucha dame aliento
y a mi espíritu cobarde dale fe.

Nada tengo yo que darte;
hasta el pecho se me salta de pasión.
Sólo, madre, para amarte
ya me falta, ya me falta corazón!

Macedonio Fernández
(Argentina)

Dios visto, mi madre

a Rosa del Mazo de Fernández

Señora en toda hora de las Tres Certezas:
Ética, Mística, Práctica.
Claridad.
En quien no hubo nunca
una duda de Realidad
ni una de Conducta
ni un egoísmo
ni un miedo
ni una vacilación en el Sacrificio
una queja
una lágrima
una superstición
un descontento de que algo viva
de que algo muera
porque en ella no hubo nunca
un pensamiento para sí.
Sabiéndose Eterna
y sin tibieza para el Hoy terreno.
Sin asimientos a pasajes del tiempo ni al allá o acá.
Su "¿Quién vive?"
acogía saludante a otro vivir.
Y su "sí mismo" leve
inagitado, entre otros, como un número.
Su solo bien el de las dichas otras.

Neftalí Beltrán
(México)

La mi madre, la mi madre...

La mi madre, la mi madre,
flor de una raza tardía,
la mañana que naciste
hubo luna en agonía.
Bajaron con alas rotas
apenas nacido habías
siete ángeles del cielo
para llamarte María.
La mi madre, la mi madre,
ni oro ni plata fina
se comparaban contigo
que comparación no había.
Agua turbia tu tristeza,
agua clara tu alegría,
tus manos muy temblorosas
y débiles las tenías.
La mi madre, la mi madre,
eras tú la lozanía.

Salvador Novo
(México)

La escuela

A horas exactas
nos levantan, nos peinan, nos mandan a la escuela.

Vienen los muchachos de todas partes,
gritan y se atropellan en el patio
y luego suena una campana
y desfilamos, callados, hacia los salones.
Cada dos tienen un lugar
y con lápices de todos tamaños
escribimos lo que nos dicta el profesor
o pasamos al pizarrón.

El profesor no me quiere;
ve con malos ojos mi ropa fina
y que tengo todos los libros.

No sabe que se los daría todos a los muchachos
por jugar como ellos, sin este
pudor extraño que me hace sentir tan inferior
cuando a la hora del recreo les huyo,
cuando corro, al salir de la escuela,
hacia mi casa, hacia mi madre

Margarita Michelena
(México)

Notas para un árbol genealógico

(fragmento)

Madre, pegado al cuerpo tengo el brazo
en que soltaste las amarras
una noche, de un solo sobresalto,
cuando tus ojos me miraron
desde el fondo del tiempo
y como dos señales en la niebla
se apagaron.
Pegado al cuerpo. Que no olvide,
siempre próximo al mío,
tu último calor. Y que recuerde
la suavidad de tu corteza,
el peso de tu nuca
y el golpe final de tus venas.

Tierna huérfana mía
que a tantos despediste
desde tu blanda orilla
y que aceptaste con los ojos secos
el sino de enterrarte miembro a miembro,
de ir cortándote, encima de !as lágrimas,
las ramas y renuevos.
¿Cuántas veces te fuiste antes de aquella noche?
Yo te vi en otra, aciaga,

junto a un mayo vencido.
Recuerdo que esa noche yo gritaba, gritaba.
Las casas se caían
sobre mi pobre espalda,
mundos desmoronados,
ceniza dispersada.
Y te miré a los ojos.
Eran dos cuevas devastadas.
Eran como malezas ardientes.
Eran dos pozos opacos
donde ya no había nada,
ni una hierba prendida,
ni una gota de agua.
Y yo supe que allí estabas ya muerta,
al lado de aquel niño que tenía tu cara,
tu cara que los dedos de la muerte
lentamente desdibujaban.

Él tuvo, como tú, las manos fuertes,
manos dulces y santas,
manos labriegas, manos éuscaras,
manos para las más humildes tareas de este mundo
—la semilla y el fruto, la sed de los terrones,
la siega fatigosa y perfumada—,
manos a las que se les daban las flores
y se les cerraban las llagas.
Tu hijo y tú sembraron tantas cosas
en la tierra buena y en la mala...
Los dos tuvieron tanta piedad
hasta de la misma cizaña...
A los dos les daba santamente igual

ver. que crecía su fresno verde,
o que alguien les volvía la espalda.
Animales y tierra lo sabían.
De mi madre mi hermano
nunca temieron nada.
Y mansos, iban al encuentro
de los que tenían la paz por almohada,
de los dos tranquilos labradores
a los que Dios miraba.

Aquí los tengo, de la mano,
a la madre de fragante falda
y al hermano de los ojos negros
que ya me miran sin distancia,
que me ven lo mismo que la luna
se sumerge en el agua
y hace fulgor la sombra
de la acequia estancada.

He tenido que hablarte con tu hijo.
No quiero que lo dejes. Tómalo en mis palabras.
Ya fue mucho dejarlo aquella noche
y vivir, ya sin él, con tanta muerte,
y llevar aquel luto que fue como una pátina
que te sombreó los cabellos solares
y te secó la mejilla clara,
hasta que te me hiciste una pavesa,
tú, que eras mi lámpara,
tú, que en la noche y la tiniebla,
como ventana me brillabas.

Aquella vez en que dieciocho años
dormían en su caja
como una música rota,
como una absurda maquinaria,
escribiste la fecha verdadera
de tu largo morir. No te detuvo nada.
Allí elegiste
el desgraciado rumbo de tu marcha.
Allí te cerraste a la queja,
allí te metiste en tu llanto,
allí te hiciste una dulzura amarga.
Pero hoy te vuelvo a la alegría,
hoy te torno a tu casa,
hoy te entrego a tu hijo
como antes de que se derrumbara.
Aquí le restituyo su fuerza pura.
Aquí le recobro a la hermana,
la que con él leyó bajo los árboles
mientras la tarde les caía en la frente
como una gran piedra dorada.
La que con él cuidó palomas,
la que con él vio verde y agua,
la que con él segó los prados
y olió con él la yerba desgarrada,
la que con él rezó tantas veces
al cavar el sepulcro de un ave
y vio pasar con él las vacas por el campo
como oscilantes catedrales.

Como a uno solo nos hiciste.
A mí de olivo oscuro

y a él de rosas blancas.
A mí me abriste en la noche
y a él en medio del alba.
Y ahora aquí nos tienes,
uno solo otra vez, ya sin la muerte,
en la gruta sagrada.

Pero también te traigo a tu otra niña.
Hada en diminutivo, salta de mi memoria
y me abre la voz con una llave mágica.
Era morena y breve, y de pronto salía,
rayo tibio y osado,
de detrás de un baúl como de un árbol encantado.
Y llenaba de pasitos el aire
como una mariposa lo llena de colores.
Tenía los ojos de bruma, de niebla brillante,
y una oscura melena judaica.
Era suave como un durazno
y así era de pequeña, y así era de dorada.
Siento que en la mano me cabe
ahora como una almendra.
Se fue súbitamente, de puntillas,
de lejos, sin ruido,
como se apagan las estrellas.
Se fue como sus pasitos de hada
pisando sobre la muerte
igual que sobre grama.
No perdió su silencio de ángel.
No lloró nunca sobre el mundo.
No vio la vida. No la tocó nadie.
Pero yo te recuerdo, Matilde,

borrosa entre mis lágrimas.
Eres una llama que tiembla
tras un vidrio distante.
Te miro las manecitas de cera
y el leve cuerpo arruinado.
Y oigo cómo tu perro gruñe
porque nadie se acerque al abril clausurado,
al manojito triste
que dio flor cinco años
y es ya sólo tiniebla, olor de muerte
por todo el mundo derramado.

Aquí la tienes, madre.
Aquí la tienes otra vez, florida,
lustre y vestido de manzana.
También te la devuelvo
cuando hoy me devuelven las palabras,
para que la mezcas y la duermas
como si por las puertas de tu casa
la muerte no hubiera pasado,
como si el cielo no se hubiera abierto
en la catástrofe en que floto
entre restos mojados,
entre huesos a la deriva,
cuando estoy en el tiempo de los otros
y no en el antro mágico.

Alfonsina Storni
(Argentina)

Bien pudiera ser...

Pudiera ser que todo lo que en verso he sentido
No fuera más que aquello que nunca pudo ser,
No fuera más que algo vedado y reprimido
De familia en familia, de mujer en mujer.

Dicen que en los solares de mi gente, medido
Estaba todo aquello que se debía hacer.
Dicen que silenciosas las mujeres han sido
De mi casa materna... Ah, bien pudiera ser...

A veces en mi madre apuntaron antojos
De liberarse, pero se le subió a los ojos
Una honda amargura, y en la sombra lloró.

Y todo eso mordiente, vencido, mutilado,
Todo eso que se hallaba en su alma encerrado
Pienso que sin quererlo lo he libertado yo.

Pablo Neruda
(Chile)

La mamadre

La mamadre viene por ahí,
con zuecos de madera. Anoche
sopló el viento del polo, se rompieron
los tejados, se cayeron
los muros y los puentes,
aulló la noche entera con sus pumas,
y ahora, en la mañana
de sol helado, llega
mi mamadre, doña
Trinidad Marverde,
dulce como la tímida frescura
del sol en las regiones tempestuosas,
lamparita
menuda y apagándose,
encendiéndose
para que todos vean el camino.

Oh dulce mamadre
—nunca pude
decir madrastra—,
ahora
mi boca tiembla para definirte,
porque apenas
abrí el entendimiento
vi la bondad vestida de pobre trapo oscuro,

la santidad más útil:
la del agua y la harina,
y eso fuiste: la vida te hizo pan
y allí te consumimos,
invierno largo e invierno desolado
con las goteras dentro
de la casa
y tu humildad ubicua
desgranando
el áspero
cereal de la pobreza
como si hubieras ido
repartiendo
un río de diamantes.

Ay mamá, ¿cómo pude
vivir sin recordarte
cada minuto mío?
No es posible. Yo llevo
tu Marverde en mi sangre,
el apellido
del pan que se reparte,
de aquellas
dulces manos
que cortaron del saco de la harina
los calzoncillos de mi infancia,
de la que cocinó, planchó, lavó,
sembró, calmó la fiebre,
y cuando todo estuvo hecho,
y ya podía
yo sostenerme con los pies seguros,

se fue, cumplida, oscura,
al pequeño ataúd
donde por vez primera estuvo ociosa
bajo la dura lluvia de Temuco.

Jaime Sabines
(México)

Doña Luz

I

Acabo de desenterrar a mi madre muerta hace tiempo. Y lo que desenterré fue una caja de rosas: frescas, fragantes, como si hubiesen estado en un invernadero.

¡Qué raro es todo esto!

II

Es muy raro también que yo tuviese una madre. A veces pienso que la soñé demasiado, la soñé tanto que la hice. Casi todas las madres son criaturas de nuestros sueños.

III

En la fotografía conserva para siempre el mismo rostro. Las fotografías son injustas, terriblemente limitadas, esclavas de un instante perpetuamente quieto. Una fotografía es como una estatua: copia del engaño, consuelo del tiempo.

Cada vez que veo la fotografía me digo: no es ella. Ella es mucho más.

Así, todas las cosas me la recuerdan para decirme que ella es muchas cosas más.

IV

Creo que estuvo en la tierra algunos años. Creo que yo también estuve en la tierra. ¿Cuál es esa frontera?, ¿qué es lo que ahora nos separa? ¿nos separa realmente?

A veces creo escucharla: tú eres el fantasma, tú la sombra. Sueña que vives, hijo, porque es hermoso el sueño de la vida.

V

En un principio, con el rencor de su agonía, no podía dormir. Tercas, dolorosas imágenes repetían su muerte noche a noche. Eran mis ojos sucios, lastimados de verla; el tiempo del sobresalto y de la angustia. ¡Qué infinitas caídas agarrado a la almohada, la oscuridad girando, la boca seca, el espanto!

Pero una vez, amaneciendo, la luz indecisa en las ventanas, pasó su mano sobre mi rostro, cerró mis ojos. ¡Qué confortablemente ciego estoy de ella! ¡Qué bien me alcanza su ternura! ¡Qué grande ha de ser su amor que me da su olvido!

VI

Fue sepultada en la misma fosa de mi padre. Sus cuerpos reposarán juntos hasta confundirse, hasta que el tiempo diga ¡basta!

(¡Qué nostalgia incisiva, a veces, como ésta!)

¿En dónde seré enterrado yo? Me gustaría cuidar mis funerales: nadie llorando, los encargados del oficio, gente decente. De una vez solo hasta un lugar lejano, sin malas compañías. O incinerado, estupendo. Cualquier río, laguna, charco, alcantarilla: todo lugar sagrado.

No me acostumbro a vivir.

VII

De repente, qué pocas palabras quedan: amor y muerte.

Pájaros quemados aletean en las entrañas de uno. Dame un golpe, despiértame.

Dios mío, ¿qué Dios tienes tú? ¿quién es tu Dios padre, tu Dios abuelo? ¡Qué desamparado ha de estar el Dios primero, el último!

Sólo la muerte se basta a sí misma. Se alimenta de sus propios excrementos. Tiene los ojos encontrados, mirándose entre sí perpetuamente.

¡Y el amor! El amor es el aprendizaje de la muerte.

VIII

Si tú me lo permites, doña Luz, te llevo a mi espalda, te paseo en hombros para volver a ver el mundo.

Quiero seguir dándote el beso en la frente, en la mañana y en la noche y al mediodía. No quiero verte agonizar, sino reír o enojarte o estar leyendo seriamente. Quiero que te apasiones de nuevo por la justicia, que hables mal de los gringos, que defiendas a Cuba y a Vietnam. Que me digas lo que pasa en Chiapas y en el rincón más apartado del mundo. Que te intereses en la vida y seas generosa, enérgica, espléndida y frutal.

Quiero pasear contigo, pasearte en la rueda de la fortuna de la semana y comer las uvas que tu corazón agitaba a cada paso.

Tú eres un racimo, madre, un ramo, una fronda, un bosque, un campo sembrado, un río. Toda igual a tu nombre, doña Luz, Lucero, Lucha, manos llenas de arroz, viejecita sin años, envejecida sólo para parecerte a los vinos.

IX

¡Con qué gusto veías los nuevos utensilios de cocina, una sartén, una olla reluciente, un mondador facilísimo! Sabías para qué sirven las cosas y extraías de ellas el máximo provecho. Nunca dejaste de estar asombrada ante la radio, la televisión, los progresos del hombre: asombrada, interesada, despierta.

Y algo en ti, sin embargo, era antiquísimo, elemental, permanente. Por eso podías, con el Viejo, remontar un río en canoa, construir una cerca, levantar una pared, cuidar un gallinero, dar de comer, dar sombra, dar amor.

Aún en los años de la derrota —vejez, viudez y soledad juntas— seguiste levantándote temprano, hacías café para todos, un desayuno abundante y rico; esperabas tus hijos, tus nietos, lo que te quedaba.

Te lo agradezco, madre: hay que seguir levantándose temprano para esperar diariamente la vida.

X

Quiero hacerte un poema, darte unas flores, un plato de comida que te guste, alguna fruta, un buen trago; llevarte tus nietos, comunicarte una noticia estupenda.

De la ventana de tu casa me he regresado porque tu casa está vacía inexplicablemente.

¿Qué le pasa al mundo?

Me he puesto a trabajar como un burro tratando de ocuparme, de traerme al mundo, de estar con las cosas. Lo he logrado. ¡Pero hay un instante de lucidez, un sólo instante!

"Si vuelves atrás la mirada quedarás hecho una estatua de sal." Y yo soy, apenas, un hombre de piedra que quiere ver hacia adelante.

XI

Dame la mano, o cógete del brazo, de mi brazo. Entra al coche. Te llevaré a dar el último paseo por el bosque.

Querías vivir, lo supe. Insistías en que todo era hermoso, pero tu sangre caía como un muro vencido. Tus ojos se apagaban detrás de ti misma. Cuando dijiste "volvamos" ya estabas muerta.

¡Qué dignidad, qué herencia! Nos prohíbes las lágrimas ahora. No nos queda otro remedio que ser hombres.

XII

Debe de ser algo distinto. Tu alma: unos puntos de luz reunidos en el aire, una luz tibia y flotante. Algo que se aposenta en el corazón como un pájaro.

Yo la he visto sin verla, la he tocado con otras manos diferentes a éstas. Hemos hablado de algún modo que todavía no entiendo, y me ha dejado triste.

Me ha dejado triste, tirado todo el día sobre mis sueños.

XIII

Decías que una mariposa negra es el alma de un muerto. Y hace muchos días que esta mariposa no sale de la casa. Hoy temprano la he visto sobre el cristal de la ventana, aleteando oscuramente, y dije: ¡Quién sabe! ¿Por qué no habías de ser una mariposa rociando mi casa con el callado polen de sus alas?

XIV

Tú conoces la casa, el pequeño jardín: paredes altas, estrechas, y allí arriba el cielo. La noche permanece todavía sobre la tierra y hay una claridad amenazante, diáfana, encima. La luz penetra a los árboles dormidos (hay que ver la isla de los árboles dormidos en la ciudad dormida y quieta). Se imaginan los sueños, se aprende todo. Todo está quieto, quieto el río, quieto el corazón de los hombres. Los hombres sueñan.

Amanece sobre la tierra, entre los árboles, una luz silenciosa, profunda.

Me amaneces, dentro del corazón, calladamente.

XV

Estoy cansado, profundamente cansado hasta los huesos. No tengo nada más que el reloj al que doy cuerda todos los días como me doy cuerda a mí.

Este desierto no es árido ni tremendo. En él hay gente, árboles, edificios, automóviles, trenes, banderas y jardines. ¡Y qué desolación! ¿Qué estamos haciendo tú y el Viejo y yo? Caminar sobre la tierra o subterráneamente hacia el sol, hacia la boca del fuego redondo, hacia el hoyo que se abre en el cielo entre las constelaciones.

El espasmo del día, el corazón detenido de la noche, todo es igual, ay, todo es la muerte, la gran serpiente ciega arrastrándose interminablemente.

XVI

"Cuando reviva mi abuelita, voy a acusar a Julio con ella", me dio a entender la Pipi hoy en su media lengua. "¿Veldá, papá?"

—Sí, hijita. Cuando reviva tu abuelita le va a dar unas nalgadas a Julio para que no te moleste.

Y me quedé pensando que todavía no es posible. Son los meses del frío. Habrá que esperar la primavera para que nazcas de la amorosa tierra, bajo los árboles luminosos, en el aire limpio.

XVII

Lloverás en el tiempo de lluvia,
harás calor en el verano,
harás frío en el atardecer.
Volverás a morir otras mil veces.

Florecerás cuando todo florezca.
No eres nada, nadie, madre.

De nosotros quedará la misma huella,
la semilla del viento en el agua,
el esqueleto de las hojas en la tierra.
Sobre las rocas, el tatuaje de las sombras,
en el corazón de los árboles la palabra amor.

No somos nada, nadie, madre.
Es inútil vivir
pero es más inútil morir.

XVIII

Sobre tu tumba,
madre, padre,
todo está quieto.

Mapá, te digo,
revancha de los huesos,
oscuro florecimiento,
encima tuyo, ahora,
todo está quieto.

Una piedra, unas flores,
el sol, la noche, el viento,
(¿el viento?)
mi corazón, el mundo,
todo está quieto.

XIX

Niña muerte, descansa
en nuestros brazos quietos.

En la sombra, descansa
junto a nuestro cuerpo.
Cómete mis ojos
para mirar adentro,
acaba mis labios,
mi boca, el silencio,
bébete mi alma,
bébete mi pecho,
niña muerte, mía,
que yo te mantengo.

La tierra está negra,
mi dolor es negro.
Vacía está mi caja,
vacío está mi cuerpo.

Niña muerte, gota
de rocío en mi pelo.

XX

Vienen la Noche Buena
y el Año Nuevo.
¿Quién soy yo que me escape
ahora de ser bueno?

Hermano mío, te saco
el puñal de la espalda,
y tú, que me has robado,
déjame entrar a casa.

Vienen la noche mala
y el año viejo,
¡y qué cansado estás,
qué desnudo me siento!

XXI

La casa me protege del frío nocturno, del sol del me-
diodía, de los árboles derribados, del viento de los
huracanes, de las asechanzas del rayo, de los ríos des-
bordados, de los hombres y de las fieras.

Pero la casa no me protege de la muerte. ¿Por qué
rendija se cuela el aire de la muerte? ¿Qué hongo de
las paredes, qué sustancia ascendente del corazón
de la tierra es la muerte?

¿Quién me untó la muerte en la planta de los pies
el día de mi nacimiento?

XXII

¿Es que el Viejo está muerto y tú apenas recién morida? (¿Recién parida? ¿palpitante en el seno de la muerte? ¿aprendiendo a no ser? ¿deslatiendo? ¿Cómo decir del que empieza a contar al revés una cuenta infinita?)

¿Es que hay flores frescas y flores marchitas en el rosal oscuro de la muerte?

¿Por qué me aflijo por ti, como si el Viejo ya fuese un experto en estas cuestiones y tú apenas una aprendiz?

¿Es que han de pasar los años para que los muertos saquen de su corazón a los intrusos? ¿Cuándo me arrojarás, tú también, de tu tumba?

XXIII

El cráneo de mi padre ha de ser pequeño y fino. Sin dientes: se los quitaron hace tiempo. Las cuencas de los ojos no muy grandes. La frente tersa, sin daño, ascendiendo graciosamente; la herradura del maxilar sólida, maciza.

Si pudiera ponerle unos ojos al destino, le pondría los suyos, de una vez que me dijo: somos polvo.

Somos huesos un tiempo. Harina de la piedra que ha de quedarse inmóvil.

Siento que no podré morirme hasta no tener en mis manos un momento el cráneo de mi padre. Es como una cita que tenemos: lo más amado de nosotros dos.

XXIV

Todo esto es un cuento, lo sabemos. He querido hacer un poema con tu muerte y he aquí que tengo la cabeza rota, las manos vacías. No hay poesía en la muerte. En la muerte no hay nada.

Tú me das el poema cuando te sientas a mi lado, cuando hablamos. ¡En sueños! ¿No serán los sueños sólo la parte subterránea de este río que amanece cargado de esencias? ¿No serán el momento de conocer para siempre el corazón oculto de la tierra?

¿Quién canta? El que lloró hace rato. ¿Quién va a vivir ahora? Los que estábamos muertos.

El paralítico se levanta todos los días a andar, mientras el ciego atesora la luz para siempre.

Por eso el hambriento tiene el pan, y al amoroso no lo sacia la vida.

Tomás Segovia
(México)

Orfandad

(fragmento)

Orfandad
hada mala sin rostro y con mil máscaras
belleza envilecida
ternura en traje innoble de bufón
rictus atroz del amor rehusado
háblame
soy tu hijo o tu hechura
háblame madre inversa
vientre de ausencia espalda de los ojos
háblame bruja
(bien que recuerdo tu disfraz de bruja
cambiabas los caminos y movías la noche
bruja
tu pedregosa risa desde los rincones
bruja
hendía el espacio entre el niño y el hombre
bruja
agriabas el dulzor y ponías venenos
bruja
tu amor estaba todo negro
bruja
ibas a besarnos e ibas a sorbernos
bruja

tu sequedad de insecto y tu ternura hirsuta
                    bruja
manchaban y astillaban la blancura
                    bruja
y lloraba el amor maniatado en su cuna)

háblame bruja o baila a mi tonada
retuércete en la luz que agusanaste
bache del ritmo hueco en la cadencia
negro cerrojo para la hermosura
mariposa apagada baila baila...

José Carlos Becerra
(México)

Oscura palabra

MÉLIDA RAMOS DE BECERRA
† 6 de septiembre de 1964

1

Hoy llueve, es tu primera lluvia, el abismo deshace
su rostro. Cosas que caen por nada. Vacilaciones, pa-
sos de prisa, atropellamientos, crujido de muebles que
cambian de sitio, collares rotos de súbito; todo for-
ma parte de este ruido terco de la lluvia.

Hoy llueve por nada, por no decir nada.

Hoy llueve, y la lluvia nos ha hecho entrar en casa a
todos, menos a ti.

Algo se ha roto en alguna parte. En algún sitio hay
una terrible descompostura y alguien ha mandado
llamar a unos extraños artesanos para arreglarla. Así
suena la lluvia en el tejado. Carpinteros desconoci-
dos martillean implacables.

¿Qué están cubriendo? ¿A quién están guardando?
¡Qué bien cumple su tarea la lluvia, qué eficaz!

Algo se ha roto, algo se ha roto. Algo anda mal en el ruido de la lluvia. Por eso el viento husmea así; con su cara de muros con lama, con sus bigotes de agua. Y uno no quiere que el viento entre en la casa como si se tratara de un animal desconocido.

Y hay algo ciego en el modo como golpea la lluvia en el tejado. Hay pasos precipitados, confusas exclamaciones, puertas cerrándose de golpe, escaleras por donde seres extraños suben y bajan de prisa.

Esta lluvia, esta lluvia quién sabe por qué. Tanta agua repitiendo lo mismo.

La mañana con su corazón de aluminio me rodea por todas partes; por la casa y el patio, por el norte y el alma, por el viento y las manos.

Telaraña de lluvia sobre la ciudad.

Hoy llueve por primera vez, ¡tan pronto!

Hoy todo tiene tus cinco días, y yo nada sé mirando la lluvia.

[11 de septiembre de 1964, Villahermosa]

2

Te oigo ir y venir por tus sitios vacíos,
por tu silencio que reconozco desde lejos, antes
    de abrir la puerta de la casa

cuando vuelvo de noche.
Te oigo en tu sueño y en las vetas nubladas del
    alcanfor.
Te oigo cuando escucho otros pasos por el
    corredor, otra voz que no es la tuya.
Todavía reconozco tus manos de amaranto y
    plumas gastadas, aquí, a la orilla de tu océano
    baldío.

Me has dado una cita pero tú no has venido,
y me has mandado a decir con alguien que no
    conozco,
que te disculpe, que no puedes verme ya.

Y ahora, me digo yo abriendo tu ropero, mirando
    tus vestidos;
¿ahora qué les voy a decir a las rosas que te
    gustaban tanto,
qué le voy a decir a tu cuarto, mamá?

¿Que les voy a decir a tus cosas, si no puedo
pasarles la mano suavemente y hablarles en voz
    baja?

Te oigo caminar por un corredor
y sé que no puedes voltear a verme porque la
    puerta,
sin querer, se cerró con este viento
que toda la tarde estuvo soplando.

[14 de septiembre de 1964, Villahermosa]

3

En el fondo de la tarde está mi madre muerta.
La lluvia canta en la ventana como una extranjera
    que piensa con tristeza
en su país lejano.

En el fondo de mi cuarto, en el sabor de la comida,
en el ruido lejano de la calle, tengo a mi muerta.
Miro por la ventana;
unas cuantas palabras vacilan en el aire
como hojas de un árbol que se han movido
al olfatear el otoño.

Unos pájaros grises picotean los restos de la tarde,
y ahora la lluvia se acerca a mi pecho como si no
    conociera otro camino
para entrar en la noche.

Y allá, abajo, más abajo,
allá donde mi mirada se vuelve un niño oscuro,
abajo de mi nombre, está ella sin levantar la cara
    para verme.
Ella que se ha quedado como una ventana
que nadie se acordó de cerrar esta tarde;
una ventana por donde la noche, el viento y la lluvia
entran apagando sus luces
y golpeándolo todo.

[28 de octubre de 1964, México]

4

Esta noche yo te siento apoyada en la luz de mi
    lámpara,
yo te siento acodada en mi corazón;
un ligero temblor del lado de la noche,
un silencio traído sin esfuerzo al despertar de los
    labios.

Siento tus ojos cerrados formando parte de esta luz;
yo sé que no duermes como no duermen los que
    se han perdido en el mar,
los que se hallan tendidos en un claro de la selva
    más profunda sin buscar la estrella polar.
Esta noche hay algo tuyo sin mí aquí presente,
y tus manos están abiertas donde no me conoces.

Y eso me pertenece ahora;
la visión de esa mano tendida como se deja el
    mundo que la noche no tuvo.
Tu mano entregada a mí como una
adopción de las sombras.

[*20 de diciembre de 1964, México*]

5

Yo acudo ciego de golpe a tu llamado,
he caído y mi camino después no era el mismo,
he caído al dar un paso en falso en la oscuridad de
    tu pecho.

Y no pude gritar: "enciendan la luz o traigan una
    linterna",
porque nadie puede iluminar la muerte
y querer acercarse a los muertos es caminar a
    ciegas y caerse y no entender nada.

Tú y yo, mamá, nos hemos sujetado en quién sabe
    qué zona ciega,
en qué aguas nos pusimos turbios de mirarnos,
de querernos hablar, de despedirnos sin que lo
    supiéramos.

Y esta casa también está ausente, estos muebles
    me engañan;
me han oído venir y han salido a mi encuentro
disfrazados de sí mismos.
Yo quisiera creerles, hablar de ellos como antes,
repetir aquel gesto de sentarme a la mesa,
pero ya lo sé todo.
Sé lo que hay donde están ellos y yo, cumpliendo
    juntos el paisaje
de una pequeña sala, de un comedor
    sospechosamente en orden.

Pero yo tropezaba porque caminaba siguiéndote,
porque quería decirles a todos que volvería en
    seguida contigo,
que todo era un error, como pronto se vería.

Pero no hay luces para caminar así por la casa,
pero no hay luces para caminar así por el mundo,

y yo voy tropezando, abriendo puertas que ni
     siquiera estaban cerradas;
y sé que no debo seguir, porque los muebles y los
     cuartos
y la comida en la cocina y esa música en un radio
     vecino,
todos se sentirían de pronto descubiertos, y
     entonces
ninguno en la casa sabríamos qué hacer.

[24 de diciembre de 1964, Villahermosa]

6

Yo sé que por alguna causa que no conozco estás
     de viaje,
un océano más poderoso que la noche te lleva
     entre sus manos
como una flor dispersa...

Tu retrato me mira desde donde no estás,
desde donde no te conozco ni te comprendo.
Allí donde todo es mentira dejas tus ojos para
     mirarme.
Deposita entonces en mí algunas de esas flores
     que te han dado,
alguna de esas lágrimas que cierta noche guiaron
     mis ojos al amanecer;
también en mí hay algo tuyo que no puede ver
     nadie.

Yo sé que por alguna causa que no conozco te has
     ido de viaje,
y es como si nunca hubieras estado aquí,
como si sólo fueras —tan pronto— uno de esos
     cuentos que alguna vieja criada
me contó en la cocina de pequeño.

Mienten las cosas que hablan de ti
tu rostro último me mintió al inclinarme sobre él,
porque no eras tú y yo sólo abrazaba aquello que
     el infinito retiraba
poco a poco, como cae a veces el telón en el
     teatro,
y algunos espectadores no comprendemos que la
     función ha terminado
y es necesario salir a la noche lluviosa.

Más acá de esas aguas oscuras que golpean las
     costas de los hombres
estoy yo hablando de ti como de una historia
que tampoco conozco.

[6 de febrero de 1965, México]

7

madre, madre,

nada nos une ahora, más que tu muerte,
tu inmensa fotografía como una noche en el pecho,

el único retrato tuyo que tengo ahora es esta
    oscuridad,
tu única voz es el silencio de tantas voces juntas,

es preciso que ahora tu blancura acompañe a las
    flores cortadas,
ningún otro corazón de dormir hay en mí que tus
    ojos ausentes,
tus labios deshabitados que no tienen que ver con
    el aire,
tu amor sentado en el sitio en que nada recuerda
    ni sabe,
ahora mis palabras se han enrojecido en su
    esfuerzo de alzar el vuelo,
pero nada puede moverse en este sitio donde yo
    te respondo como si tú me estuvieras
    llamando,
nadie puede infringir las reglas de esta mesa de
    juego a la que estamos sentados,

a solas como el mar que rodea al naufragio
        hemos de contemplarnos tú y yo,
nada nos une ahora, sólo ese silencio,
      único cordón umbilical tendido sobre la noche
como un alimento imposible,
y por allí me desatas para otro silencio,
      en las afueras de estas palabras,
nada nos tiene ahora reunidos, nada nos separa
    ahora,
ni mi edad ni ninguna otra distancia,
      y tampoco soy el niño que tú quisiste,

no pactamos ni convenimos nada,
nuestras melancolías gemelas no caminaban
        tomadas de la mano,
pero desde lejos algunas veces se volvían a
        mirarse
y entonces sonreían,

ahora un poco de flores para mí
        de las que te llevan,
también en mí hay algo tuyo a lo que deberían
        llevarle flores
ese algo es el niño que fui,
ya nada nos une a los tres,
        a ti, a mí, a ese niño,

                    [22 de mayo de 1965, México]

Roberto Juarroz
(Argentina)

Ahora tan sólo…

A mi madre

Ahora tan sólo,
en este pobre rostro en que te caes,
he visto el rostro de la niña que fuiste
y te he sentido varias veces mi madre.
Me he sentido el hijo de tus juegos,
del mundo que creabas y esperabas
como un tibio regalo de cumpleaños.
Y también de los sueños que nunca confesaste
para que nadie más sufriera por ellos.

Me he sentido el hijo de tus primeros gestos de mujer,
esos que también hubieras querido ocultar y hasta
     ocultarte,
para abreviar en el mundo la irrealidad del asombro.

Me he sentido el hijo
de los movimientos que me preparaban
como a un antepasado de la muerte,
dibujo obsesionado
por la inserción de sus escamas.

Y te he sentido luego

la circunferencia de mi trébol pasmado,
el ángulo del compás que se abría,
el mapa de mis fiebres confundidas con viajes,
la caracola de mis ecos de hombre.

Y te he sentido aún más,
te he sentido llegar a ser dos veces mi madre
para que yo pudiera dejar de sentirte
y saltar hacia tu dios o hacia mis manos,
que tal vez no sean mías ni de nadie.

Y ahora, al remontar mi salto,
para saltar de nuevo
o quizá para aprender a andarlo paso a paso,
te reencuentro o te encuentro mi madre,
aunque ya lo seas sólo tuya.

He demorado mucho,
he demorado todas las mujeres
y también todos los hombres,
he demorado el tiempo interminablemente largo
de la vida interminablemente breve,
para llegar a ser varias veces tu hijo.

Elisa Ramírez Castañeda
(México)

Como te ves, me vi; como me ves, te verás

Cuando apelas a tus sueños
de muchacha joven
te muestro las manos tasajeadas
mercancías empolvadas en los escaparates.

Adivinando en las noches largas
la voz que quisiste tener
heredo tu afonía, tu deseo de cantos,
la voz que alguna vez soñabas.

Porque tu esperanza es eco
y al ver que soy lo que fuiste
pronosticas erizada
que seré lo que eres.

Gloria Gervitz
(México)

Migraciones

(fragmento)

¿Oyes mi llanto?
¿Oyes mi llanto que te cubre como una tela?
Rásgala
Rómpeme
Cúbreme con tus cenizas
Libérame

Espero las noches como un animal amarrado que
　　　patea, patea

Y te acuso
Pero de qué puedo culparte
　　　　　¿Cómo hubiera podido ser de otro modo?

El oráculo se cumple

Déjame ir
Suéltame
No regreses
No quiero quedar atrapada en tu sueño sin poder
　　　despertar
　　　　　　　　　¿Hacia dónde ir?
Llego sólo al lugar del principio

Regreso para besar tu pulso
Para caer de rodillas
Devotamente beso las arterias de tus manos
Oh madre ten piedad de mí
Oh madre misericordiosa
Ten piedad de mí
Sosténme
Derrótame pero dame tu consuelo

Apoyo mi cabeza de niña
Toco tu corazón
Cierro los ojos
Estoy atada a ti como el ahogado a la piedra
        anudada a su cuello
Ya no tengo miedo
No puedo hundirme más abajo de tu corazón

Llévate la luz
        Noche

Olga Orozco
(Argentina)

Si me puedes mirar

Madre: es tu desamparada criatura quien te llama,
quien derriba la noche con un grito y la tira a tus
      pies como un telón caído
para que no te quedes allí, del otro lado,
donde tan sólo alcanzas con tus manos de ciega a
      descifrarme en medio de un muro de
      fantasmas hechos de arcilla ciega.
Madre: tampoco yo te veo,
porque ahora te cubren las sombras congeladas
      del menor tiempo y la mayor distancia,
y yo no sé buscarte,
acaso porque no supe aprender a perderte.
Pero aquí estoy, sobre mi pedestal partido por el
      rayo,
vuelta estatua de arena,
puñado de cenizas para que tú me inscribas la señal,
los signos con que habremos de volver a
      entendernos.
Aquí estoy, con los pies enredados por las raíces
      de mi sangre en duelo,
sin poder avanzar.
Búscame entonces tú, en medio de este bosque
      alucinado
donde cada crujido es tu lamento,
donde cada aleteo es un reclamo de exilio que no
      entiendo,

donde cada cristal de nieve es un fragmento de tu
   eternidad,
y cada resplandor, la lámpara que enciendes para
   que no me pierda entre las galerías de este
   mundo.
Y todo se confunde.
Y tu vida y tu muerte se mezclan con las mías
   como las máscaras de las pesadillas.
Y no sé dónde estás.
En vano te invoco en nombre del amor, de la piedad
   o del perdón, como quien acaricia un talismán,
una piedra que encierra esa gota de sangre
   coagulada capaz de revivir en el más
   imposible de los sueños.
Nada. Solamente una garra de atroces pesadumbres
   que descorre la tela de otros años
descubriendo una mesa donde partes el pan de
   cada día,
un cuarto donde alisas con manos de paciencia
   esos pliegues que graban en mi alma la fiebre
   y el terror,
un salón que de pronto se embellece para la
   ceremonia de mirarte pasar
rodeada por un halo de orgullosa ternura,
un lecho donde vuelves de la muerte sólo por no
   dolernos demasiado.
No. Yo no quiero mirar.
No quiero aprender otra vez el nombre de la dicha
   en el momento mismo en que roen su rostro
   los enormes agujeros,
ni sentir que tu cuerpo detiene una vez más esa
   desesperada marea que lo lleva,

una vez más aún,
para envolverme como para siempre en consuelo
    y adiós.
No quiero oír el ruido del cristal trizándose,
ni los perros que aúllan a las vendas sombrías,
ni ver cómo no estás.
Madre, madre ¿quién separa tu sangre de la mía?
¿qué es eso que se rompe como una cuerda tensa
    golpeando las entrañas?,
¿qué gran planeta aciago deja caer su sombra
    sobre todos los años de mi vida?
¡Oh Dios! Tú eras cuanto sabía de ese olvidado
    país de donde vine,
eras como el amparo de la lejanía,
como un latido en las tinieblas.
¿Dónde buscar ahora la llave sepultada de mis días?
¿A quién interrogar por el indescifrable misterio
    de mis huesos?
¿Quién me oirá si no me oyes?
Y nadie me responde. Y tengo miedo.
Los mismos miedos a lo largo de treinta años.
Porque día tras día alguien que se enmascara
    juega en mí a las alucinaciones y a la muerte.
Yo camino a su lado y empujo con su mano esa
    última puerta,
esa que no logró cerrar mi nacimiento
y que guardo yo misma vestida con un traje de
    centinela funerario.
¿Sabes? He llegado muy lejos esta vez.
Pero en el coro de voces que resuenan como un
    mar sepultado

no está esa voz de hoja sombría desgarrada
    siempre por el amor o por la cólera;
en esas procesiones que se encienden de pronto
    como bujías instantáneas
no veo iluminarse ese color de espuma dorada por
    el sol;
no hay ninguna ráfaga que haga arder mis ojos con
    tu olor a resina;
ningún calor me envuelve con esa compasión que
    infundiste a mis huesos.
Entonces, ¿dónde estás?, ¿quién te impide venir?
Yo sé que si pudieras acariciarías mi cabeza de
    huérfana.
Y sin embargo sé también que no puedes seguir
    siendo tú sola,
alguien que persevera en su propia memoria,
la embalsamada a cuyo alrededor giran como los
    cuervos unos pobres jirones de luto que
    alimenta.
Y aunque cumplas la terrible condena de no poder
    estar cuando te llamo,
sin duda en algún lado organizas de nuevo la familia,
o me ordenas las sombras,
o cortas esos ramos de escarcha que bordan tu
    regazo para dejarlos a mi lado cualquier día,
o tratas de coser con un hilo infinito la gran
    lastimadura de mi corazón.

Marco Antonio Montes de Oca
(México)

Hablo contigo

*Para mi madre, en el primer
aniversario de su muerte*

Toco las rayas del tigre
Igual que un arpa tibia
Mas luego mi sangre
Se calza nuevas alas
Y lívida vuela hasta la percha
En que tu recuerdo pende
Madre mía lejana.

Giro en torno de mí sin encontrarme
Ardo poco me quemo demasiado
Entre castillos que rejuvenecen
Hasta el instante remoto
En que tenías tres piedras de edad.

De tumbo en tumbo
De tumba en tumba
Tus brazos busco
Sin saber adónde quedas
Y entonces la tierra se reduce
A la inmensidad de tu regazo
Se reduce a formas pintadas en muñecos de nieve

A formas de andar sobre una espada
O de acostarse a nunca más vivir.

Otra vez voy a la escuela
Con tu retrato bajo el brazo
Otra vez saludo al profesor
Con la mano pegoteada
Y entre todos me golpean
Hasta que los amenazas desde allá
Con tu puño lleno de jilgueros.

La lluvia de arroz
Los sables cruzados por encima de la feliz pareja
El blanco pastel
Los botes vacíos atados al coche de los novios
Han caído entre los pliegues de la noche
Y sólo celebraciones negras
Bodas negras de la piedra con el lodo
Enronquecen muchedumbres
En cuyo pecho la nostalgia brama.

Sale el sol como puede
Se despereza y a gatas se levanta
Sólo para ocultarse nuevamente
No hay poro del cuerpo en que no me duelas
Y qué cara llevo a la oficina
Con qué pulso mariposeante
Marco la tarjeta y me regreso
De prisa para que nadie me sonría
Presurosamente rengueando
Hasta mi agujero inundado.

En verdad te fuiste toda entera
Se marcharon tu voz y tu cabello
La blanca arena virgen
Sufre ahora la amnesia de tus huellas
Nada de nada me dejaste
Sólo tu ausencia planetaria
Sólo el polvo que a mi faz enmascara
Y por el cual mis lágrimas descienden
Trazando devotos caminos reales.

Madre mía lejana
Cómo crece el África
Ahora que estoy perdido
Algo que parte al rayo me ha partido
Apolo enloquece tras una máscara de abejas
Y la comezón de morir se adensa como nunca
Y me desploma y me derrama
Como un huevo sobre el embaldosado.

Oh cipreses verdinegros
Oh flechas que son aves demasiado flacas
Oh bocas torcidas por la alquimia
Y sueños que son la prueba
El testimonio de las innumerables vías
Con que el deseo penetra en el fracaso.

Otra vez soy el niño
Con manos y pies arrugados
De tanto permanecer en el agua
Y he aquí que la voz se raya
Al repetir tu nombre un año entero
Y al aullar con la garganta calcinada

Cuando tu vestido regresa del jardín
Sin nadie adentro.

Para siempre estoy en vilo
Y abro los ojos
Con un pisapapeles de plomo
Atado a las pestañas
Y en seguida me adormezco
Y luego me congelo
Oh tierra del cervatillo
Moteado con monedas de nieve
Larga herida a flor de pétalo
Harina de oro bien cernido
Madre mía indecible.

Descansa en la paz mía que te llevaste
Vuela pero vuelve
Vuelve pero vuela
Entre laderas en que el trigo reza cabizbajo.

Camina como una fuente que camina
Canta en honor de las sirenas lapidadas
Y entre las aguas que ciegas se entrelazan
Sopla en la flauta de alabastro
Burbujas de plata centelleante.

Basta entrar en mí para saber que no te has ido
Basta mirar el nicho de piedra
Para saber que ahí no cabes:
Soy yo quien te contiene
Y te lleva a todas partes
Tal un palanquín viviente

Una ola descalza
Una custodia que al tocarte se amarilla
Y crece y eriza sus reflejos
Como si fuera la cabeza de un león electrizado.

Yo soy quien te lava con fulgores
De una esmeralda que agoniza
Soy yo
Y es la garganta del mundo
Y son las islas de sal enfebrecida
Los elementos que elevo en mi guirnalda ciega
Mientras el corazón te ofrece
Latir por los dos sin gran esfuerzo.

Siempre es posible el regicidio
De odiar la vida
Pero los nigromantes de labios florescientes
Los osados exorcistas
Ignoran que te has ido para no partir
No saben que antes del viaje
Ya estabas de regreso
No saben cómo lo sabrían
Que tu paradero no puede ser buscado
Porque nunca te has perdido.

Hablo contigo como si hubiera muerto
Hablo contigo y con mi aliento negro disipo a la
        mañana
Al no comprender
Por qué afirman que estás muerta
Si en realidad estás conmigo
Madre mía lejana.

Baldomero Fernández Moreno
(Argentina)

El poeta y la calle

Madre, no me digas:
Hijo, quedaté,
cena con nosotros
y duerme después.
Estás flaco y triste,
me haces padecer.
Cuando eras pequeño
daba gusto ver
tu cara redonda,
tu rosada tez...
Yo a Dios le rogaba
una y otra vez:
que nunca se enferme,
que viva años cien,
gallardo, robusto,
galán y doncel,
lo vean mis ojos
allá en la vejez.
Que no tenga ese aire
de los hombres que
se pasan la noche
de cafe en café.
Dios me ha castigado
—¡Él sabrá por qué!—
Madre, no me digas:

Hijo, quedaté...
La calle me llama
y a la calle iré.
Yo tengo una pena
de tan mal jaez
que ni tú ni nadie
pueden comprender.
Y en medio a la calle
¡me siento tan bien!
¿Que cuál es mi pena?
Ni yo sé cuál es,
pero ella me obliga
a irme, a correr,
hasta de cansancio
rendido caer.
La calle me llama
y obedeceré.
Cuando pongo en ella
los ligeros pies
me lleno de rimas
casi sin querer.
¡La calle, la calle,
loco cascabel!
¡La noche, la noche,
qué dulce embriaguez!
El poeta, la calle y la noche
se quieren los tres.
La calle me llama,
la noche también...
Hasta luego, madre,
voy a florecer.

Homero Aridjis
(México)

Asombro del tiempo

*(Estela para la muerte de mi madre
Josefina Fuentes de Aridjis)*

Ella lo dijo: Todo sucede en sábado:
el nacimiento, la muerte,
la boda en el aire de los hijos.
Tu piel, mi piel llegó en sábado.
Somos los dos la aurora, la sombra de ese día.

Ella lo dijo: Si tu padre muere,
yo también voy a morir.
Sólo es cosa de sábados.
Cualquier mañana los pájaros
que amé y cuidé van a venir por mí.

Ella estuvo conmigo. En mi comienzo.
Yo estuve con ella cuando murió, cuando nació.
Se cerró el círculo. Y no sé
cuándo nació ella, cuándo morí yo.
El rayo umbilical nos dio la vuelta.

Sobre la ciudad de cemento se alza el día.
abajo queda el asombro del tiempo.
Has cerrado los ojos, en mí los has abierto.

Tu cara, madre, es toda tu cara, hoy que dejas la
     vida.
La muerte, que conocía de nombre, la conozco en
     tu cuerpo.

Dondequiera que voy me encuentro con tu rostro.
Al hablar, al moverme estoy contigo.
El camino de tu vida tiene muchos cuerpos míos.
Juntos, madre, estaremos lejanos.
Nos separó la luna del espejo.

Mis recuerdos se enredan con los tuyos.
Tumbados para siempre, ya nada los tumba.
Nada los hace ni deshace.
Palpando tu calor, ya calo tu frío.
Mi memoria es de piedra.

Hablo a solas y hace mucho silencio.
Te doy la espalda pero te estoy mirando.
Las palabras me llevan de ti a mí y de mí a ti
y no puedo pararlas. Esto es poesía, dicen,
pero es también la muerte.

Yo labro con palabras tu estela.
Escribo mi amor con tinta.
Tú me diste la voz, yo sólo la abro al viento.
Tú duermes y yo sueño. Sueño que estás allí,
detrás de las palabras.

Te veo darme dinero para libros,
pero también comida.

Porque en este mundo, dicen,
son hermosos los versos,
pero también los frutos.

Un hombre camina por la calle.
Una mujer viene. Una niña se va.
Sombras y ruidos que te cercan
sin que tú los oigas, como si sucedieran
en otro mundo, el nuestro.

Te curan de la muerte y no te salvan de ella.
Se ha metido en tu carne y no pueden sacarla,
sin matarte. Pero tú te levantas, muerta,
por encima de ti y me miras desde el pasado mío,
intacta.

Ventana grande que deja entrar a tu cuarto la
        ciudad de cemento.
Ventana grande del día que permite que el sol se
        asome a tu cama.
Y tú, entre tanto calor, tú sola tienes frío.

Así como se hacen años se hace muerte.
Y cada día nos hacemos fantasmas de nosotros.
Hasta que una tarde, hoy, todo se nos deshace
y viendo los caminos que hemos hecho
somos nuestros desechos.

Sentado junto a ti, veo más lejos tu cuerpo.
Acariciándote el brazo, siento más tu distancia.
Todo el tiempo te miro y no te alcanzo.

Para llegar a ti hay que volar abismos.
Inmóvil te veo partir, aquí me quedo.

El corredor por el que ando atraviesa paredes,
pasa puertas, pasa pisos,
llega al fondo de la tierra,
donde me encuentro, vivo,
en el comienzo de mí mismo en ti.

Número en cada puerta y tu ser pierde los años.
Tu cuerpo en esa cama ya sin calendarios.
Quedarás fija en una edad, así pasen los siglos.
Domingo 7 de septiembre, a las tres de la tarde.
Un día más, unos minutos menos.

En tu muerte has rejuvenecido,
has vuelto a tu rostro más antiguo.
El tiempo ha andado hacia atrás
para encontrarte joven. No es cierto
que te vayas, nunca he hablado tanto contigo.

Uno tras otro van los muertos, bultos blancos,
en el día claro.
Por el camino vienen vestidos de verde.
Pasan delante de mí y me atraviesan. Yo les hablo.
Tú te vuelves.

Pasos apesadumbrados de hombres
que van a la ceremonia de la muerte,
pisando sin pisar las piedras

de las calles de Contepec,
con tu caja al cementerio.

Tú lo dijiste un día:
todo sucede en sábado:
la muerte, el nacimiento.
Sobre tu cuerpo, madre, el tiempo se recuerda.
Mi memoria es de piedra.

Marco Antonio Campos
(México)

Destinée

Mi madre me decía escupiéndome:
"Te atormentas demasiado. Tienes todo para ser
    feliz."
Sí, pero ella no percibió en el parto,
negligente,
que el hijo tenía una sierpe en vez de ombligo,
en vez de lengua un puñado de lombrices,
y sin darse cuenta —¡qué descuido!—,
me puso un parásito en la sangre,
un diccionario enfermizo bajo el brazo,
un obispo más enfermo,
aun la rabia bajo el gabán del débil,
y esta pluma atroz, maleducada,
para escribir en los huesos de su muerte.

Arturo Capdevila
(Argentina)

In memoriam

Madre del alma, madre: Es la hora en que pienso
las cosas más amargas. De par en par abierto
está el ensombrecido palacio del recuerdo.

Por las desiertas salas, bajo los sacros techos,
la vieja pompa es humo; toda la casa, un hueco;
y en el hogar, tú sabes, que ya es ceniza el fuego.

Así es la vida: polvo. Menos que polvo: viento.
Menos que viento, sombra. Menos que sombra: eco.
Acaso un eco inútil. ¡O todavía menos!

¿Qué me quedó siquiera de tus sagrados besos?
¿Qué me quedó de aquellas caricias de otro tiempo?
Polvo en la frente... ¡Vana ceniza entre los dedos!

¿Qué me quedó siquiera de tus postreros besos?
Contigo se callaron. Contigo se durmieron.
—También los enterramos, dirá el sepulturero.

Por el callado alcázar de mi recuerdo, yerro.
Contémplanme las quietas cariátides de yeso,
y hay una que interroga:
                                        —¿Qué quiere acá, ese muerto?

Jacobo Regen
(Argentina)

Elegía

I

Íbamos juntos, madre,
por una calle extraña
de una ciudad desconocida.

Los fanales temblaban
bajo la lluvia, iluminando rostros
que nunca vimos antes,
que no vemos ahora.
                            Nos miraban,
pero no lo advertíamos...

Con el dolor en alto —que fue el único
laurel para tu frente—,
me absolvían tus ojos
de todo el desamor,
de la distancia
que puse entre tus sueños y mi vida.

II

Yo no miro este cielo.

En cada nube, en cada gajo de inmensidad
hallaría un reproche
que desde el fondo de tu ausencia viene.

Porque de pronto escucho tu voz, tu voz lejana,
tu silencio,
y tu sobrecogimiento de infinito tiembla en mi
     corazón.

Tú, sin embargo, me perdonas.
Y sigues, en mis sueños, envolviéndome
con tu mirada pura llena de luz sin fondo.

¿Por qué —me digo ahora,
por qué llega el amor cuando la rosa
sus cenizas esparce al firmamento?

Cuando se corporiza en el delirio
lo que vimos pasar como una sombra,
ebrios de nuestra muerte.

III

Envuelta en una música doliente
llegas a mí de lejos, madre mía.
Y aunque no cantes tú, la melodía
vibra en mi corazón, llora en mi frente.

Pueblas mi sangre silenciosamente
y, al prolongarte en mí, soy tu agonía:

raído azogue, remembranza fría
de tanto amor y tanta luz ausente.

Madre, mi soledad a ti se aferra.
Nada me habita como tu recuerdo
por la infinita sombra iluminado.

Protégeme en las lindes de la tierra
donde sin causa ni razón me pierdo,
donde ya ni conmigo me he quedado.

Beatriz Novaro
(México)

Chimalistac

Todos los silencios se parecen
pero ninguno como el de Chimalistac.
En la fuente sin agua
era duro como la piedra
y como la piedra, desnudo,
pero la piedra no era la piedra
todavía.
Las cosas callaban y yo era niña,
libre el silencio era todo
o casi todo.
Los árboles al borde de ser árboles
hasta que la voz de mi madre
llamaba a comer.
Mientras busco entre las piedras
el rastro de aquel tiempo
alguien pasa y mira la casa amarilla
que ahora es blanca,
mira la ausencia de mi madre en la ventana,
mira, no mira nada y se marcha.
Sus paso se llevan a aquella niña lejana
para siempre.

César Fernández Moreno
(Argentina)

Respondo una carta de mi madre

Claro que te recuerdo, no es mi arte olvidar,
y tú lo sabes bien, no es el tuyo ignorar.
Yo vivo día a día tu dulzura violenta,
sé lo que te complace y lo que te atormenta,
sé de donde proviene cada frase que dices,
distingo su color, su tono, sus matices,
y también tu silencio, de él estoy pendiente
cuando parezco hablar con otros velozmente.
Yo sé que las cenizas abrasan como brasas,
yo sé cómo se adhiere la soledad a casas,
a las paredes grises, a la puerta marrón,
conozco tus crepúsculos clavada en el balcón,
sube mi sangre a ti junto a la del ciprés,
veo lo que tú ves y lo que tú no ves.
Yo sé los personajes que decoran tus ratos,
qué te insinúa el ojo lechoso de los gatos,
qué te sugieren las arrinconadas sillas,
cómo el sol acaricia cerrojos y canillas,
y sé cómo la tarde suavemente declina
hasta que viene Angélica y enciende la cocina.
Conozco cada paso de tu lápiz sin punta,
cuando el cielo está negro, cuando el alba despunta,
sobre el papel que salvas del doméstico lío

para volcar en él tu sentimiento, el mío,
y adivino tus versos descuidados y bellos,
por eso casi nunca te pregunto por ellos.
No sé qué dirá el mundo de tu vida callada,
yo digo que después no te espera la nada:
dejarás en la tierra señal de tus entrañas,
una inflexión acaso, tu bondad, tus pestañas.
Has sido la modesta, la tácita, la hundida,
como acostumbran ser las fuentes de la vida,
el público advertía las vivísimas flores
y tú eras el agua que les daba colores.
¿Qué puedes aprender de mí, de mi intelecto,
cómo la causa puede aprender del efecto,
cómo aprender la nube de su hija la lluvia,
cómo el sol imitar una guedeja rubia?
Tú sí que me enseñaste a decir mis vagidos,
a respirar el aire, a tejer mis tejidos,
a cortarme las uñas, a prender los botones,
a buscar en la gente sólo los corazones,
a manejar mis músculos, a renovar mi encía,
y así me enseñarás a morir algún día.
Y me enseñaste más, lo que tú no sabías,
me regalaste el sexo justo que no tenías,
es decir, la mitad de este mundo bifronte,
es decir, este arco, no aquel, del horizonte,
es decir, esta fuerza que modela mis huesos
y me dicta el sentido y el fulgor de mis besos,
y esta necesidad de saber la verdad
y esta claridad que va hasta la mitad.

Si extrañas a mis hijas, yo te diré que extraño
no poder procrear cien hijos, un rebaño,

para que te preocupes de purés y pañales,
tú que estás siempre en casa, que casi nunca sales,
para que sobre ellos sin tasa te derrames
y con tu sentimiento en mi nombre los ames,
aliviándome así la tarea de amar,
la única en que Dios prohíbe descansar.
Yo por querer a unos de querer a otros dejo,
cuando me acerco a unos de los otros me alejo,
por eso algunas veces te hago sufrir a ti,
pero la culpa es tuya porque me hiciste así.
Ya ves cómo ha bastado oírte una palabra
para que la compuerta de las mías se abra
y vuelvan donde deben, a su lugar primero.
Guárdalas con tus versos, es todo lo que quiero,
tú que nunca tuviste para ti un escritorio
y que los juntas en un cajón irrisorio
entre horquillas, retazos y una aguja oxidada.
Y que nadie los vea. Y no me digas nada.

Alicia García Bergua
(México)

Estoy de vuelta en casa...

Estoy de vuelta en casa,
no es que me haya ido,
me alejé para reconstruirla
y verla desde lejos;
desde una infancia
que más que los recuerdos son los gestos
que me unen a mi madre.
Ella guarda en su mente
a las niñas que fuimos
yo y mi hermana;
recuerda nuestros cuerpos,
nuestras voces
como si fuera hoy.
Los he ido olvidando,
no tengo la nostalgia suficiente
para fijarme a una imagen vaga
y construir un recuerdo confortante
de esta larga travesía de pérdidas.
Hay algo en mí que nunca retrocede
y al estar con mi madre
que vive recordando,
temo perderme, sentir que soy ajena
a su vasta memoria de mi infancia.
Frente a este temor,
sólo tengo el tiempo que he forjado

en el pequeño espacio de mi casa;
esta vida que infatigablemente reconstruyo
haciéndola avanzar lejos del arrastre
de ese mar de memorias
que ha sido para mi madre
el horizonte real.

Silvina Ocampo
(Argentina)

El jabón

Habla una hija a su madre

Con un jabón veteado verde y rosa
como de mármol suave con fragancia
me lavabas las manos en la infancia
en una palangana azul de loza.

Merecían mi fiebre la preciosa
atención que esperaba yo con ansia,
y el hábito ritual de tu constancia
mi devoción ya casi religiosa.

Debió de ser humano ese jabón:
no en vano ahora el agua lo disuelve,
late en mis palmas aún su corazón,

y en más amadas manos me devuelve
en su perfume y su papel de plata
esa íntima ternura que me mata.

Fabio Morábito
(México)

Mi madre ya no ha ido al mar

Mi madre ya no ha ido
al mar,
lleva una buena cantidad de años
tierra adentro,
un siglo de interioridad
cumpliéndose.
Se ha resecado de sus hijos
y vive lejos
de otros consanguíneos.
Es como una escultura de sí misma
y sólo el mar
que quita el fárrago
acumulado en la ciudad
puede acercarla a su pasado,
hacia su muerte verdadera,
y hacer que crezca nuevamente.
Mi madre necesita algún
estruendo entre los pies,
una monótona insistencia en los oídos,
una palabra adversa
y simple que la canse,
y necesita que la llamen,
oír su nombre en otros labios,
pedir perdón
y hacer promesas,

ya no se tropieza
en nada sustantivo.
Y yo tengo que armarme de valor
para llevarla al mar
armarme de mis años
que he olvidado,
reunirme con mi madre en otro tiempo,
con un yo mismo que enterré
y que ella guarda
sin decirme nada.
Tengo que armarme de valor
para perder confianza
en lo que sé,
tengo que regresar al día
en que mi risa quedó trunca
entre las páginas de un libro,
cerrar el libro y completar la risa,
cerrar todos los libros y reírme,
cerrar todos los ojos que he ido abriendo
para que nadie me agrediera.
Estuvo bien ya de crecer,
es hora de desdibujarme,
lo que aprendí enhorabuena,
lo que olvidé también,
es hora de ser hijo de alguien
y de tener un hijo
y un esqueleto para ir al mar,
para morir
con cada hueso sin pedir ayuda.
Salí hace años a rodearla a ella
para volver al mar más solo

o acaso fui a rodear el mar
para ser hijo de otro modo de mi madre,
ya no me acuerdo qué buscaba,
nadie recuerda lo que busca,
mi madre ya no ha ido
al mar,
es todo lo que sé,
y no llevarla es no reconciliarme
con el mar, no ver el mar
como se ve después de niño,
también no ver cómo es mi madre
ahora, no saber nada de mí mismo.

Anónimo
(Argentina)

La muerte de la madre

Vino la muerte atrevida
contra de mi madre amada;
le fue quitando, irritada,
los instantes de su vida,
pues otra madre querida
en el mundo no he de hallar
aunque salga a registrar
la tierra y el mar profundo;
no he de encontrar en el mundo
otra madre a quien llorar.

Válgame Dios qué dolor,
qué pesar tan sin segundo
pues he perdido en el mundo
la prenda de más valor.
Perdí el timón de mi amor,
ya murió de quien nací
ya falleció a quien le di
tantos desvelos criarme;
por quien debo lamentarme,
murió mi madre, ay de mí.

Yo creo que no hay dolor
en el mundo que lo iguale
que la muerte de una madre

para un hijo sin valor.
Pido consuelo, Señor,
que no he podido encontrar
alivio en ningún lugar
por un golpe tan deshecho.
Ella me crió y en su pecho
soy yo quien debe llorar.

Ya mi madre falleció
ay de mí, que desconsuelo:
pero yo bien considero
que para morir nació.
Lo que debo de hacer yo
sentir es lo natural
y el que sea racional
esta razón me dará:
padre se encuentra ande quiera
pero una madre ¡jamás!

Recibirán, caballeros,
un consejo les daré;
no importa perder la vida
si nos toca en la niñez;
pero perder una madre
es el dolor más profundo.
¡Huérfano queda en el mundo
y otra no encuentra después!

Cancionero Popular Cuyano
(Recopilación de Juan Draghi Lucero)

Gonzalo Rojas
(Chile)

Celia

1

Y nada de lágrimas; esta mujer que cierran hoy
en su transparencia, ésta que guardan
en la litera ciega del muro
de cemento, como loca encadenada
al catre cruel en el dormitorio sin aire, sin
barquero ni barca, entre desconocidos sin rostro,
        ésta
es
únicamente la
Única
que nos tuvo a todos en el cielo
de su preñez.
                Alabado
sea su vientre.

2

Y nada, nada más; que me parió y me hizo
hombre, al séptimo parto
de su figura de marfil
y de fuego,
            en el rigor
de la pobreza y la tristeza,

                    y supo
oír en el silencio de mi niñez el signo,
el Signo
sigiloso
sin decirme
nunca
nada.
        Alabado
sea su parto.

3

Que otros vayan por mí ahora
que no puedo, a ponerte
ahí los claveles
colorados de los Rojas míos, tuyos,
                                    hoy
trece doloroso de tu martirio,
                        los
de mi casta que nacen al alba
y renacen; que vayan a ese muro por nosotros, por
    Rodrigo
Tomás, por Gonzalo hijo, por Alonso; que vayan
o no, si prefieren,
                    o que oscura te dejen
sola,
sola con la ceniza
                    de tu belleza
que es tu resurrección, Celia
Pizarro,
        hija, nieta de Pizarros

y Pizarros muertos, Madre;
                              y vengas tú
al exilio con nosotros, a morar como antes en la
    gracia
de la fascinación recíproca.
                              Alabado
sea tu nombre para siempre.

Fuentes bibliográficas

AMADO NERVO (México), "Unidad", *Obras completas*, Aguilar, Madrid, 1972.

CÉSAR VALLEJO (Perú), "El buen sentido", *Poesía completa*, Premiá Editora, México, 1978.

JOSÉ LEZAMA LIMA (Cuba), "Llamado del deseoso", *Poesía completa*, Letras Cubanas, La Habana, 1985.

OCTAVIO PAZ (México), "Pasado en claro", *Obra poética (1935-1988)*, Seix Barral, Barcelona, 1990.

MARIÁNGELES COMESAÑA (México), "Cómo escribirte", *Las mujeres que soy*, Escribanio, México, 1996.

CARILDA OLIVER LABRA (Cuba), "Elegía por Mercedes", *Poetisas cubanas*, Letras Cubanas, La Habana, 1985.

CARMEN VILLORO (México), "Estela", *Que no se vaya el viento*, UNAM, El ala del tigre, México, 1990.

ROBERTO CABRAL DEL HOYO (México), "Teosófica", *Obra poética*, Fondo de Cultura Económica, México, 1980.

CARLOS PELLICER (México), "Nocturno a mi madre", *Obras, Poesía*, Fondo de Cultura Económica, 1981.

JESÚS REYES RUIZ (México), "A mi madre", *La poesía mexicana moderna*, Fondo de Cultura Económica, México, 1953.

ALMAFUERTE (Argentina), "Fúnebre", *A la madre*, Seix Barral, Argentina, 1996.

SALVADOR DÍAZ MIRÓN (México), "Amor de madre", *Poesía completa*, Fondo de Cultura Económica, México, 1997.

GUILLERMO AGUIRRE Y FIERRO (México), "El brindis del bohemio", *Omnibus de poesía mexicana*, Siglo XXI, México, 1971.

MANUEL ACUÑA (México), "A mi madre en su día", *Poesía, textos, artículos y cartas*, Porrúa, México, 1975.

Manuel José Othon (México), "¡Madre!", *Obras de Manuel José Othon*, Secretaría de Educación Pública, México, 1928.

Luis G. Urbina (México), "A una santa memoria", *Poesía completa*, Porrúa, México, 1975.

Manuel Gutiérrez Nájera (México), "A mi madre", *Poesía completa*, Porrúa, México, 1978.

Macedonio Fernández (Argentina), "Dios visto, mi madre", *A la madre*, Seix Barral, Argentina, 1996.

Neftalí Beltrán (México), "La mi madre, la mi madre", *Poesía completa*, Fondo de Cultura Económica, México, 1966.

Salvador Novo (México), "La escuela", *Poesía de Salvador Novo*, Fondo de Cultura Económica, México, 1961.

Margarita Michelena (México), "Notas para un árbol genealógico", *Reunión de imágenes*, edición de autor, México, 1990.

Alfonsina Storni (Argentina), "Bien pudiera ser", *A la madre*, Seix Barral, Argentina, 1996.

Pablo Neruda (Chile), "La mamadre", *Antología*, Bibliográfica Internacional, Sao Paulo, 1999.

Jaime Sabines (México), "Doña Luz", *Mal tiempo*, Joaquín Mortiz, México, 1972.

Tomás Segovia (México), "Orfandad", *Poesía 1943-1997*, Fondo de Cultura Económica, México, 1998.

José Carlos Becerra (México), "Oscura palabra", *El otoño recorre las islas*, era, México, 1973.

Roberto Juarroz (Argentina), "Ahora tan sólo", *A la madre*, Seix Barral, Argentina, 1996.

Elisa Ramírez Castañeda (México), "Como te ves, me vi; como me ves, te verás", *¿Quieres que te lo cuente otra vez?*, Fondo de Cultura Económica, México, 1985.

Gloria Gervitz (México), "Migraciones", *Migraciones*, El tucán de Virginia, México, 1996.

Olga Orozco (Argentina), "Si me puedes mirar", *A la madre*, Seix Barral, Argentina, 1996.

Marco Antonio Montes de Oca (México), "Hablo contigo", *Pedir el fuego*, Joaquín Mortiz, México, 1987.

Baldomero Fernández Moreno (Argentina), "El poeta y la calle", *A la madre*, Seix Barral, Argentina, 1996.

Homero Aridjis (México), "Asombro del tiempo", *El poeta en un poema*, UNAM, México, 1998.

Marco Antonio Campos (México), *"Destinée"*, *Poesía reunida (1970-1996)*, El tucán de Virginia, México, 1996.

Arturo Capdevila (Argentina), "In memoriam", *A la madre*, Seix Barral, Argentina, 1996.

Jacobo Regen (Argentina), "Elegía", *A la madre*, Seix Barral, Argentina, 1996.

Beatriz Novaro (México), "Chimalistac", *Desde una banca del parque*, Conaculta, Práctica mortal, México, 1998.

César Fernández Moreno (Argentina), "Respondo una carta de mi madre", *A la madre*, Seix Barral, Argentina, 1996.

Alicia García Bergua (México), "Estoy de vuelta en casa...", *La anchura de la calle*, Conaculta, Práctica mortal, México, 1997.

Silvina Ocampo (Argentina), "El jabón", *A la madre*, Seix Barral, Argentina, 1996.

Fabio Morábito (México), "Mi madre ya no ha ido al mar", *De lunes todo el año*, Joaquín Mortiz, México, 1991.

Anónimo (Argentina), "La muerte de la madre", *A la madre*, Seix Barral, Argentina, 1996.

Gonzalo Rojas (Chile), "Celia", *Antología de aire*, Fondo de Cultura Económica, Santiago de Chile, 1991.